AF452807

LES
HARICOTS MALADES

REVUE EN 7 TABLEAUX, MÊLÉE DE COUPLETS,

PAR

M. AUGUSTE JOUHAUD,

Représentée, pour la première fois, à Paris, sur le Théâtre des Funambules, le 14 décembre 1850.

PARIS

CHEZ DECHAUME, ÉDITEUR,

RUE CHARLOT, 27.

—

1851

DISTRIBUTION.

SOISSONS Ier	MM.	ALEXIS.
FLAGEOLET		MOUSSERON.
PANACHÉ		SAMSON.
PÈRE GARGOT		VICTOR.
RUTLY		PELLETIER.
LESURQUES *et* DUBOSC		BAZIN.
LE MACADAMISAGE		ORPHÉE.
LE TRAIN DE PLAISIR		BAZIN.
M. POT-DE-VIN		FERDINAND.
FARIBOUSSOUL		ALEXANDRE.
BELPHÉGOR		PAUL LEGRAND.
ROLLAC		PHILIPPE.
UN MAGNÉTISEUR		FERDINAND.
UN MAGNÉTISÉ		ORPHÉE.
UN MARAICHER		LAPLACE.
UN GARÇON		ALEXANDRE.
LA LOTERIE	Mmes	JOSÉPHINE.
LE GÉNIE DE L'HORTICULTURE		LEFEBVRE.
UNE LENTILLE		HINAUX.
MÈRE RADIS		THIERRY.
MARIANNE		JOSÉPHINE.
HENRI		JULIA.
LES SOCIETES CALIFORNIENNES		ESTELLE. JULIA. LEQUIEN. HINAUX.
CAMARZAMOUR		THIERRY.
LA SCHOTISCH	M.	VAUTIER.
	Mme	LATOUR.
LES ALMANACHS POUR 1851		
LES QUATRE AUTRUCHES		

Premier Tableau.

Le royaume des Haricots.

Soissons Ier, roi des haricots, car... (*dit-i l.*)

Air *de* Mme *Favart.*

C'est le jour de l'Epiphanie
De l'an quarante-neuf, je crois,
Que nous avons dans une orgie,
Entre légum's tiré les rois.
Régner avait été mon rêve,
Aussi, combien vous fûtes sots,
Lorsque la bienheureuse fève
Me fit le roi des haricots.

Soissons Ier et ses conseillers, Flageolet et Panaché, ont conçu le projet, pour échapper à la fatale consommation que chaque année les habitants de la terre font de haricots blancs et rouges, de faire insérer dans le *Constitutionnel* que les haricots, victimes du voisinage et de la fréquentation des pommes de terre, se trouvent atteints du fléau qui, depuis quelques années, décime ces dernières. — Tout allait pour le mieux, on ne mangeait plus de haricots, lorsqu'une petite lentille qui avait deviné la ruse, se glisse dans leur champ, surprend leur secret, et les dénonce au maraîcher qui les transporte à la halle et les vend.

IIe TABLEAU. — *Le marché des Innocents.* — Les haricots sont vendus, ils déplorent leur sort, lorsque le génie de l'horticulture leur apparaît, et leur apprend que, frappé de leur beauté, il a résolu de les rendre à la terre. Pour ne pas être reconnus, ils se déguisent en ambassadeurs du Népaul, et obtiennent du génie l'autorisation de visiter, à la faveur de cet incognito, tout ce que Paris renferme de curieux. Le génie veut bien leur servir de cicerone, mais il leur déclare que, dans huit jours, il réclamera ses haricots pour les semer au profit de l'art.—Marché conclu.—Les illustres étrangers commencent leur tournée, et sont assaillis d'abord par une foule d'almanachs pour 1851.—Soissons prend les petits livres et les parcourt pour voir ce qu'ils contiennent.

AIR : *Quand nous y vivions ensemble.*

Voici l'*Almanach comique*
Qui parle d'un trépassé,
Et l'*Almanach prophétique*
Qui nous prédit le passé ;
C'est l'*Almanach de l'enfance*
Qui nous cite maint vieillard,
L'*Almanach de tempérance*
Qui préconise un pochard ;
L'*Almanach des jeunes mères*
Qui cause de vétérans,
L'*Almanach des militaires*
Qui nous parle des enfants.
L'*Almanach de la marine*,
Qui, loin d'être en pleine mer,
Nous entretient de cuisine,
Ou bien de chemin de fer ;
L'*Almanach des cuisinières*
Qui devrait parler lapin,
Et qui dit aux ménagères
L'origine du latin ;
L'*Almanach de la grisette*
Qui pourrait parler travail,
Et qui vante la lorette,
Et les plaisirs du sérail.
Bref, je vous prends pour arbitre,
Dites-moi si franchement,
On peut mentir à son titre
Avec plus d'acharnement.

TROISIÈME TABLEAU. — *Un restauraut à* **22** *sous.* — Nos étrangers vont déjeuner à **18** sous ; c'est pour eux une véritable mystification ; ils meurent de faim en sortant de table, et prennent l'adresse du restaurant pour... ne plus y revenir.

QUATRIÈME TABLEAU. — *Le Boulevard Saint-Martin*. Soissons et ses Conseillers, toujours déguisés en Chinois, arrivent sur le boulevard, ils y voient *Lesurques* et *Dubosc*, du *Courrier de Lyon*, puis *le Macadamisage*, qui leur chante :

Air du Bouffe.

Qu'importent les éclaboussures ?
Si l'horrible bruit des voitures
Ne vous brise plus le tympan,
Grâce au procédé Macadam.
Quand je vois que la bott' vernie
Impudemment nous calomnie,
Je trouve Paris bien dépravé !...

SOISSONS.

Moi je le trouv' bien dépavé. (*Bis.*)

Marianne (*de l'Ambigu*) vient ensuite, puis un guide des Montagnes, préposé au salut de ceux qui pourraient rouler dans le ravin, car le boulevard Saint-Martin se trouve métamorphosé en précipice.

Air nouveau.

Brave guide de la montagne,
   La la o lo,
Faut pas que le sommeil te gagne,
   La la o lo,
A c't heur' qu'il a des précipices,
Que deviendrait Paris sans Suisses ?
   La la o lo, la la o lo.
Reste l'œil ouvert, l'oreill' tendue,
   La la o lo,
Mais décemment baisse la vue,
   Lo la o lo,

> Si quelque jour il se rencontre
> Que fillette tombe et te montre...
> La la o lo, la la o lo.

CINQUIÈME TABLEAU. — *Le Palais National.* Au Palais National, les illustres étrangers passent en revue toutes les spéculations à la mode ; les sociétés californiennes ouvrent la marche ; *Fariboussoul* du *Sac à malices* vient aussi flâner par là ; un couplet à la mémoire d'Alcide Tousez trouve ici sa place :

> AIR : *Tu ne vois pas.*
>
> Le digne émule de Brunet,
> Alcide, notre bon Alcide,
> A de l'immuable décret
> Trop tôt subi l'arrêt perfide.
> Quand la mort que nous maudissions,
> Seule a pu finir son martyre,
> Il est juste que nous pleurions
> Celui qui nous a fait tant rire.

La loterie vient les distraire, la loterie régénérée, qui n'a d'autre ambition que celle de soulager d'honnêtes infortunes... écoutez-la plutôt :

> AIR : *Simples soldats.*
>
> De ma profession de foi
> Faut-il, messieurs, vous faire l'analyse ?
> Au bonheur du peuple je crois,
> Et je veux qu'il se réalise.
> Je veux que du plus beau pays
> Que Dieu créa par son pouvoir magique,
> Tous les habitants soient unis,
> Et fassent trêve aux haines de partis,
> Voilà quelle est ma politique ! (*bis.*)

Nos Chinois voudraient bien prendre des billets... mais il y en a tant de ces loteries. « Vous verrez, dit Soissons Ier, qu'on finira par mettre Paris en loterie. —Le cas échéant, poursuit le génie, je ne vous conseillerais pas de vendre des billets à des étrangers... Pourquoi? lui réplique la loterie.....

Air : *Vaudeville de l'Homme vert.* •

L'étranger qui d' la capitale
A pu fair' bon marché jadis,
Aurait donc la pensé' fatale
D' vouloir encor gagner Paris ?
A ce point peut-on se méprendre?
Quand Paris lui s'rait assigné,
Il n'oserait pas venir prendre
Le gros lot qu'il aurait gagné.

Soissons Ier comprend l'opportunité de ce nouvel appel à la bienfaisance...

LA LOTERIE.

Air : *Puissant seigneur* (de Paris en loterie).
Honneur cent fois, honneur à la lot'rie !
Applaudissons surtout à ses effets,
Quand pour prétexte elle prend l'industrie,
Le sort pour guide, et pour but des bienfaits.
A se répandre alors qu'elle s'exerce,
Ses lots nombreux, partage des élus,
En attendant, font aller le commerce,
Car c'est toujours lui qui gagne le plus.
Non, ce n'est pas ce jeu qui de nos pères
Longtemps causa le désappointement;
Nos résultats ne sont point éphémères,
Sur vingt perdants nous avons un gagnant.
Si nous tournons la rou' de la fortune,
Ce n'est jamais la spéculation
Qui, sans pudeur, se rit de l'infortune,
La roue amène une bonne action.
Jeu de hasard qu'avec justice on fronde,
Cause de maux pour tout le genre humain,
Vous n'êtes pas fatal à tout le monde,

Au pauvre ici vous procurez du pain.
Ces malheureux, errant sans domicile,
Grâce au produit de nos beaux lingots d'or,
Sous d'autres cieux se verront un asile,
Et puiseront à la sourc' du trésor.
Pour secourir artistes, gens de lettres,
D'autres appâts vous sont encore offerts.
Vous y viendrez, car en Franc' les bell's lettres
Trouv'ront toujours coffres et cœurs ouverts.
L'un de nos jeux, plus que tous, a la chance
De voir bientôt tous ses numéros pris ;
Quand pour patronne on a la bienfaisance,
On est certain d' réussir à Paris.
Honneur cent fois, honneur à la lot'rie ! etc.

Bientôt un bruit de vapeur se fait entendre, c'est le *train de plaisir !*... Les étrangers vont faire une petite excursion en chemin de fer.

SIXIÈME TABLEAU. — *La Barrière de l'Étoile.* Ils sont revenus de leur voyage au Havre, qui a été signalé par quelques mésaventures. — A la Barrière de l'Étoile Soissons assiste à une séance de magnétisme ; puis arrivent les escargots sympathiques... Soissons, qui voit dans la boussole pasilalinique une mauvaise plaisanterie, veut écraser les colimaçons... Flageolet l'en empêche...

AIR *d'Aristippe.*

Ces escargots, vous le voyez, mon maître,
Sont bien chez eux, et vous n'avez pas l' droit
D' les empêcher de s' mettre à la fenêtre ;
Les opprimer serait très-maladroit;
Oui, ce serait un déplorable exploit.
Gardez-vous bien de leur fair' des misères !...
On vous blàm'rait à l'unanimité !...

De leurs maisons ils sont propriétaires...
Respect à la propriété! (*bis.*)

Paillasse, de la Gaîté, paraît ensuite; puis, M. Pot-de-Vin et ses ballons, qui prétend qu'après avoir enlevé un cheval et un taureau, il enlèvera l'Arc-de-Triomphe de l'Étoile... — Un instant! lui dit Soissons.

AIR: *Un page aimait*

De ce mémorable trophée,
Monsieur, gardez-vous d'approcher!
Sur ce granit notre histoire est greffée,
Et sans danger nul ne peut'y toucher.
Ces noms si chers à la victoire,
Au ciel où nous les destinions,
Sont montés guidés par la gloire
Plus vite que par vos ballons.

SEPTIÈME TABLEAU. — *Le Parc d'Asnières*. Au Parc d'Asnières, ils voient les Autruches de l'Hippodrome, et la Schotisch, dont il sont émerveillés. — Mais les huit jours sont expirés! — « Haricots, le Génie de l'Horticulture vous réclame pour vous rendre à la terre!... mais pour ne point vous priver des plaisirs de cette nuit, il veut bien vous accorder jusqu'à demain matin... — Vivat! reprend Soissons Ier; il paraît qu'il n'est pas de bonnes fêtes sans haricots. »

VAUDEVILLE FINAL.

MÈRE RADIS.

AIR: *Vaud. de l'île de Monte-Cristo.*

La Californie a des homards } *bis en chœur.*
  D'un' grosseur inouïe! }
Moi, je ne connais que les canards } *bis en chœur.*
  De la Californie. }

PANACHÉ.

La loi sur les animaux est bien
  Le fait d'une grande âme !...
Il est défendu d' battre son chien....
  Mais on peut battr' sa femme.

LE TRAIN.

L'Autriche, l'arme au bras, attendra
  Qu' la Prusse ouvre la danse ;
D' son côté, la Pruss' ne s'y mettra
  Que si l'Autriche commence.

SOISSONS.

J' n'avais pas vu la mer, mais maint'nant,
  Les boul'vards où j' barbotte,
A mes yeux offrent un océan....
  Un océan de crotte !

FLAGEOLET.

A la Bastill' je m' suis fait peser,
  Je pesais soixant' livres ;
A la Mad'lein' je m' suis fait r'peser,
  Je pesais cent vingt livres.

DEUXIÈME SOCIÉTÉ.

De l'Angleterr', pays des essais,
  L' cab est originaire ;
Moi, j' n'aime, en fait de produits anglais,
  Que les poir's d'Angleterre.

LE MACADAMISAGE.

Depuis qu' la port' Saint—D'nis, Dieu merci,
  Sur son trent'-deux s'est mise,

Ell' mépris' la port' Saint-Martin qui
   N'a pas changé d' chemise.

LA LENTILLE.

De l'Opéra, comme des Français,
   Les affich's sont de taille!...
J'aime, en fait d'art, le grandios', mais
   C' n'est pas sur la muraille.

POT-DE-VIN.

Par l'escargot la France à présent
   Enverra son paraphe;
Pourvu qu'en chemin quelque gourmand
   Ne mang' pas l' télégraphe.

TROISIÈME SOCIÉTÉ.

D' la lot'ri' qui promet maint trésor,
   Moi j'attends des merveilles!
Je m' f'rai faire avec mon lingot d'or
   Un' pair' d' boucles d'oreilles.

RUTLY.

L' boul'vard Saint-Martin est, sur le tard,
   De chats un' fourmilière!..
C' n'est pas étonnant... de c' pauvr' boul'vard
   On a fait un' gouttière.

PREMIÈRE SOCIÉTÉ.

Devant l' théâtre j' passe au galop
   Quand *Jenny* m'y convie;
Jenny l'ouvrièr' me rappell' trop
   Les orgu's de Barbarie.

PAILLASSE.

Nos grands drames finiss'nt à minuit,
   On s'endort, on se lasse ;
L' public pourtant ne d'mand' pas son *lit*,
   Quand on lui donn' *paillasse*.

QUATRIÈME SOCIÉTÉ.

De c't' astronom' qui pass' pour savant
   Les bévu's n'ont pas d' borne ;
Il a vu dans l' taureau de Poit'vin
   Le sign' du capricorne.

FARIBOUSSOUL.

Bientôt on s' servira de ballon
   Pour visiter la lune ;
Il suffira d'enlever l' ballon,
   Pour voir la pleine lune.

LA LOTERIE, *au public.*

Messieurs, si vous avez écouté
   Joyeus'ment nos boutades,
Par vos bravos rendez la santé
   Aux haricots malades.

FIN.

Paris. — Imprimerie de madame Vᵉ Dondey-Dupré, rue Saint-Louis, 46.